Sacré-Cœur

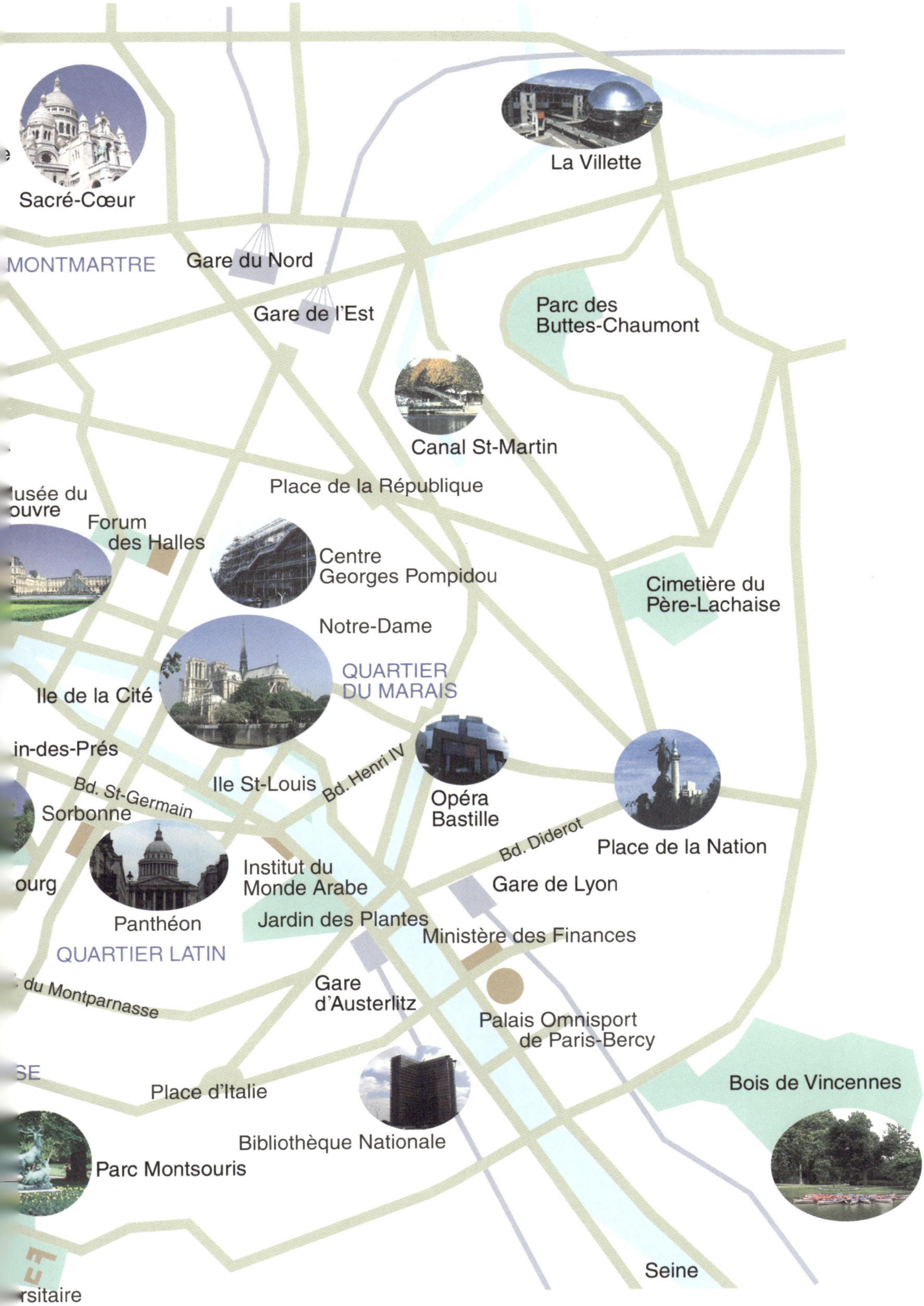

MONTMARTRE

Gare du Nord

La Villette

Gare de l'Est

Parc des
Buttes-Chaumont

Canal St-Martin

Place de la République

usée du
ouvre

Forum
des Halles

Centre
Georges Pompidou

Cimetière du
Père-Lachaise

Notre-Dame

Ile de la Cité

QUARTIER
DU MARAIS

in-des-Prés

Bd. St-Germain

Ile St-Louis   Bd. Henri IV

Sorbonne

Opéra
Bastille

Place de la Nation

Bd. Diderot

Panthéon

Institut du
Monde Arabe

ourg

Gare de Lyon

QUARTIER LATIN

Jardin des Plantes

Ministère des Finances

du Montparnasse

Gare
d'Austerlitz

Palais Omnisport
de Paris-Bercy

SE

Place d'Italie

Bois de Vincennes

Parc Montsouris

Bibliothèque Nationale

Seine

rsitaire

Bois de Boulogne

Parc de Bercy

Promenade Plantée

モンマルトル　テルトル広場

Métro の地下道で演奏する若い楽士たち

バゲットを脇にmarchéでワインを買う男性

Première Promenade à Paris
初めてのパリへの旅

Mikiko Watanabe
Joseph Mancel

SURUGADAI-SHUPPANSHA

本書には，本文を吹き込んだ別売りテープ（定価1575円（税込））があります．実際に聞いて大いに役立てて下さい．

まえがき

　大きな期待をもって学び始めたフランス語も，その複雑さ，覚える規則の多いことに嫌気がさし，意欲を失いかけている学生も多いだろう．そんな時には是非，春か夏の休みに一週間でもパリに行ってみることをお薦めする．地図を片手にセーヌ川付近を中心に歩き回るだけで，フランス語マスターへの意欲が回復するだろう．この町のゆったりした空間，公園の広さと多さ，深々とした緑，並木の豊かさ，歴史の跡を処々に感じさせる建物や通りに接すれば，感受性の豊かな若い心は新鮮で，貴重な刺激を受けるに違いない．それをたっぷり味わえる日程を用意した．

　このテキストは一年間フランス語を履修した学生を対象に，こうしてパリの名所に親しみながら，比較的容易な会話体の文章でフランス語の話し方や読解力を身につけることを目指している．簡単な文章を読むにもすぐに必要になる文法事項の復習も加えた．なお，主人公さやかは庶民的，かつパリの中心にも近い15区にあるホテルに滞在した．始めてのパリ旅行を企てる皆さんの参考になれば幸いである．

　では，Bon Voyage !

　　2002年秋

著　者

Sommaire

Chapitre　1　: Arrivée ·· 1
Chapitre　2　: L'Arc de Triomphe et l'avenue des Champs-Elysées ············ 7
Chapitre　3　: Notre-Dame de Paris ·· 12
Chapitre　4　: La Tour Eiffel et le Champs de Mars ···································· 20
Chapitre　5　: Montmartre ·· 25
Chapitre　6　: Séjour de Pierre au Japon ·· 30
Chapitre　7　: Promenade au bois de Boulogne ·· 37
Chapitre　8　: Le Musée d'Orsay ·· 43
Chapitre　9　: Le Marché de La Motte-Picquet-Grenelle ···························· 49
Chapitre 10 : Déjeuner au restaurant «Le Café du Commerce» ················ 53

パリに関する小文

1) Un bref aperçu de Paris et de son rôle ·· 6
2) Les Champs-Elysées ·· 11
3) La formation de la France ·· 16
4) Haussmann ·· 35
5) Paris et sa population ·· 41
6) Le métro parisien ·· 47

Chapitre 1

Arrivée

Sayaka, étudiante en troisième année à la fac, visite Paris pour la première fois. Pierre, informaticien qui a vécu un an au Japon comme étudiant, lui sert de guide.

comme 〜　〜として，の資格で
sert → servir
servir à qn de ＋無冠詞名詞
　〜として誰々の役に立つ

Pierre : Bienvenue à Paris, Sayaka. Tu viens d'arriver. Après onze heures de vol, tu n'es pas trop fatiguée ?

Sayaka : Non, pas du tout. Je suis contente de te revoir. Heureusement, tu parles un peu japonais.

P. : Et toi, tu parles un peu français. Je suis heureux moi-même de te faire visiter Paris. Malheureusement ton séjour est trop court.

faire ＋ inf.（使役）〜させる

S. : Je ne suis pas assez riche pour y séjourner plus longtemps. Je compte beaucoup sur toi pour découvrir cette ville dont on dit qu'elle est « la plus belle ville du monde ».

assez 〜 pour ＋ inf. 〜するのに十分な
compter sur 〜をあてにする
dit → dire

P. : Je sais que beaucoup d'étrangers, visitant Paris, en deviennent amoureux.

sais → savoir

deviennent → devenir

S. : Tu me raconteras un peu l'histoire de Paris, en me guidant, car je n'en connais presque rien.

P. : Bien sûr, mais je t'emmènerai plutôt à « Paris Story », près de l'Opéra. On y raconte, et on y fait voir sur un écran géant, les transformations que Paris a connues depuis 2000 ans.

Paris Story
オペラ座の裏，11 bis rue Scribe, 9ᵉ 地下．大きなスクリーン画像でパリの成り立ちを日本語音声で見，聞くことが出来る．日本の"ぴあ"にあたるパリの *Pariscope* か *l'officiel des spectacles* を参照．

connues → connaître

S. : C'est une bonne idée. Mais je me demande si j'arriverai à comprendre l'explication.

se demander si～　～かどうか自問する

P. : Ne t'inquiète pas. On peut l'écouter en japonais, ta langue maternelle, au moyen d'un casque.

s'inquiéter　心配する

au moyen de　～によって

casque (*m.*)　ヘッドホン

S. : C'est parfait. Alors, je t'attends à l'hôtel demain matin.

attends → attendre

　留学生として日本に滞在した経験を持つピエールの案内で，さやかの初めての8日間のパリ訪問が始まる．それは2000年以上の長い歴史の足跡をたどることでもある．
　パリ20区は東西12km，南北9km，山手線の内回り程度の広さである．しかも，37の橋がかかるセーヌ川周辺にさやかが訪ねる名所の殆どが点在するから，出来るだけ自分の足で回ることを薦める．メトロはカルネ(carnet)という10枚綴りを買えば半値に近い割安となる．

パリには日本の"ぴあ"にあたるこの二つの情報誌があってコンパクトで使い易い

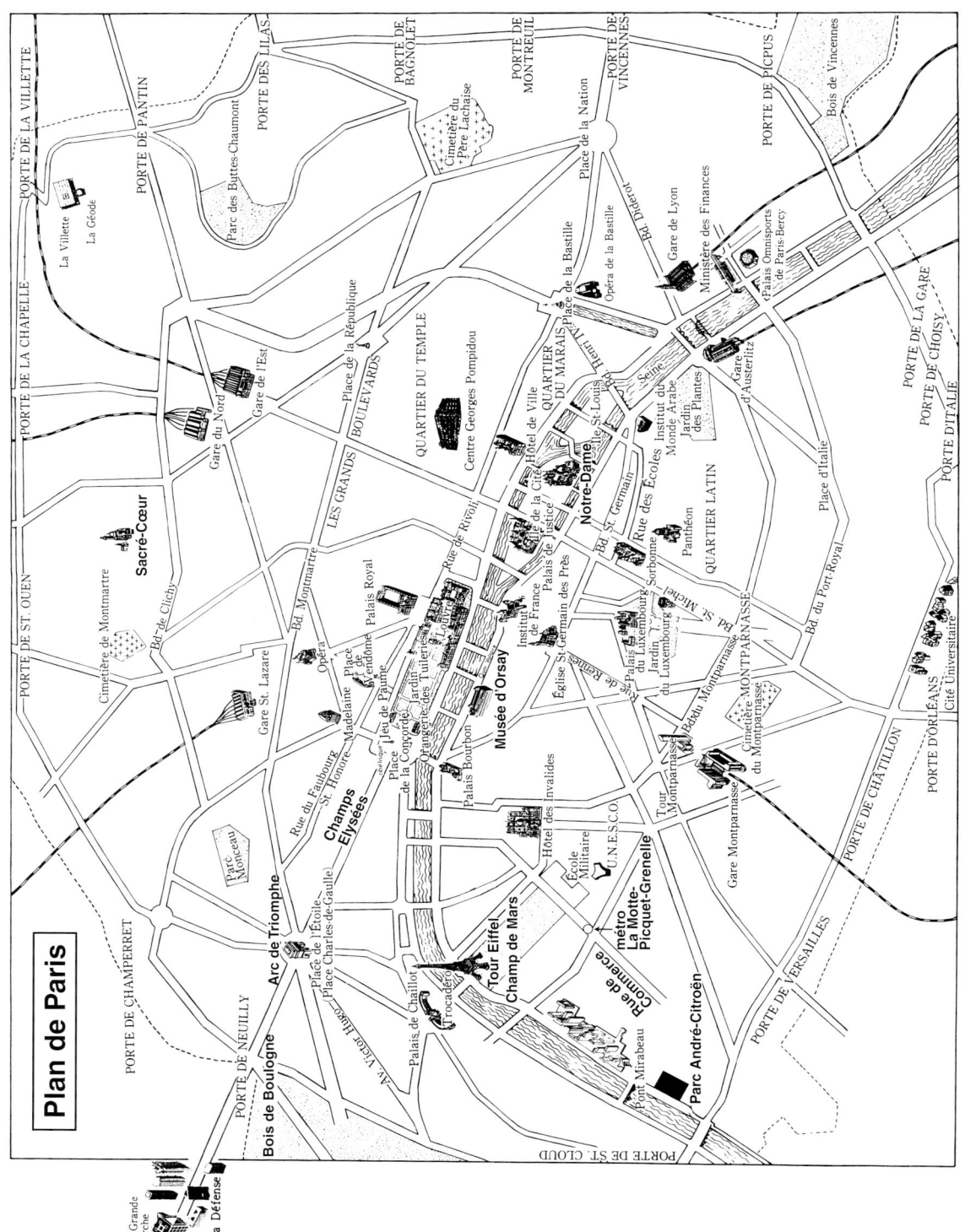

文法復習 1　　中性代名詞 (y, en, le)

y　1) à（dans, chez, en など場所を表す前置詞）＋名詞に代わる
Il arrive à la gare.　　　Il y arrive.

2) à＋名詞
Je pense à mon avenir.　　J'y pense.

en　1) de＋名詞に代わる
Elle est contente de son succès.　Elle en est contente.

2) 不定冠詞，部分冠詞，数量副詞＋名詞に代わる
Ils ont beaucoup d'enfants.　Ils en ont beaucoup.

le　形容詞，名詞，不定詞，節（文）などに代わる
Nous sommes heureux.　　Nous le sommes.
Il dit qu'il est innocent.　Il le dit.

1. 下線部を適当な中性代名詞にし，文を書き換えなさい．

    1) Vous habitez à <u>Londres</u>.
    2) Ils sont <u>méchants</u>.
    3) Ils ont <u>deux enfants</u>.
    4) Je n'ai pas <u>de chance</u>.
    5) Je sais <u>qu'il n'est pas heureux</u>.
    6) Il entre <u>dans le magasin</u>.
    7) Elle pourra <u>venir demain</u>.
    8) Elle est revenue <u>de Paris</u>.

2. 中性代名詞を使って次の質問に答えなさい．

    1) Est-ce que votre père a une voiture ?
    2) Savez-vous que la terre est ronde ?
    3) Etes-vous déjà allé(e) aux Etat-Unis ?

Un bref aperçu de Paris et de son rôle

L'histoire de Paris est inséparable de celle de la Seine qui traverse la ville d'Est en Ouest. L'île de la Cité qui s'y trouve et où se dresse Notre-Dame est le berceau de Paris. On l'appelait autrefois, «Lutèce», ce qui veut dire justement «île flottante». Ses habitants appartenaient à la peuplade des Parisii, tribu celte, d'où vient le nom des Parisiens. Paris, séparé en deux par la Seine, est constitué de deux zones de mentalités bien différentes: la rive droite et la rive gauche. Il abrite 2,2 millions d'habitants dans ses 20 arrondissements. Moyennement grand en taille, Paris dépasse largement le cadre d'une simple capitale, non seulement par son importance géographique et historique mais aussi pour des raisons politiques et culturelles. Choisi comme résidence par Clovis, roi des Francs au 5ème siècle après Jésus-Christ, Paris est resté depuis lors la capitale incontestée de la France, ce qui a largement contribué à l'extrême centralisation du pays.

être constitué de qn./qc. 〜で構成される　　abriter 収容する　　depuis lors その時以来
……, ce qui…. そのことは……だ（前の文を説明する）

　　パリの中央を東西に流れるセーヌ川は名実共にパリの象徴である．季節や一日の時の変化と共に様々な表情を見せるセーヌ河畔の散策は決して飽きることがない．約400メートルごとにかかる橋の中でも最も古いポン・ヌフ橋，96年に新造されたオーステルリッツ駅とリヨン駅を結ぶ広いシャルル・ド・ゴール橋，そして2000年に向けて再建された最新の歩行者専用のソルフェリーノ橋（左岸のオルセー美術館と右岸のチュイルリー公園を結ぶ）を是非渡ってみよう．

Chapitre 2

L'Arc de Triomphe et l'avenue des Champs-Elysées

Pierre : Bonjour, Sayaka. C'est ton premier jour à Paris. As-tu bien dormi ?

*上の写真は avenue des Champs-Elysées
dormi → dormir

Sayaka : Oui, très bien, merci. Où allons-nous aujourd'hui ?

P. : Nous commencerons par monter au sommet de l'Arc de Triomphe pour dominer Paris, puis nous descendrons l'avenue des Champs-Elysées.

commencer par ～   ～から始める

descendrons → descendre

S. : L'Arc de Triomphe, c'est Napoléon Ier qui a ordonné sa construction pour célébrer les victoires de ses armées, n'est-ce pas ?

P. : Il a eu cette idée après sa grande victoire d'Austerlitz en 1805. Il a fallu 30 ans pour construire ce monument. Napoléon Ier n'en a donc vu que le commencement puisqu'il a été exilé en 1815 à l'île Sainte Hélène où il est mort en 1821. C'est seulement sa dépouille mortelle qui est passée sous l'Arc de Triomphe en 1840

eu → avoir

ne → que   ～しかない
vu → voir

dépouille mortelle   遺骸

lors de la cérémonie connue sous le nom de retour des cendres de l'Empereur.

Au sommet de l'Arc de Triomphe

S. : Quel beau panorama ! Comme toutes ces avenues sont bien tracées ! C'est vraiment impressionnant.

P. : Il y a douze avenues autour de cette place qu'on appelle la place Charles de Gaulle ou simplement l'Etoile.

S. : Une d'elles est l'avenue des Champs-Elysées que nous allons prendre ?

P. : Oui, en effet. Elle va jusqu'à la place de la Concorde au centre de laquelle se dresse l'obélisque d'Egypte que tu vois tout au bout de l'avenue. Es-tu prête à marcher jusque là ? C'est un trajet de près de deux kilomètres.

tout + 副詞(句)　全く, 非常に
au bout de〜　〜の終りに

S. : Oui, bien sûr. C'est la plus belle avenue du monde, dit-on. Allons-y.

dit → dire

凱旋門は1805年, ナポレオンが指揮するフランス軍の独奥露伊連合軍に対するオーステルリッツでの戦いでの勝利を記念し, 30年かけて建設された. 1854年からパリ大改造に着手したセーヌ県知事オスマンは凱旋門を囲んで新たに7本の道を加えた. パリでの初日は, まず凱旋門の頂上からその12本の道が整然と放射線状に伸びる見事な光景を眺めた後, シャンゼリゼ大通りを下り, コンコルド広場まで2キロメートルほどの道のりを散歩することを薦める. そしてコンコルド広場に接するチュイルリー庭園のオランジュリー美術館で有名なモネの「睡蓮」他, セザンヌ, マチス, ピカソ, ルソーなどの傑作を鑑賞し, ゆっくり庭園内の散策を楽しむことを薦める. ここで一休息したら, セーヌ川沿いに次の訪問地ノートルダム寺院まで歩くことも十分可能である. ルーブル美術館もすぐ目の前である.

文法復習2　　直説法複合過去

もっぱら話し言葉で，過去の行為，その結果としての現在の状態を表すのに使う．

助動詞 avoir 又は être の直説法現在形＋過去分詞によって作られる．

助動詞 être をとるのは移動・生死を表す動詞及び代名動詞で，過去分詞は主語の性・数に一致する．

助動詞 avoir をとる場合も，直接目的語代名詞が動詞の前に来る場合にはその性・数に一致することに注意．（Voici les fleurs qu'il m'a donné*es*.）

	faire			**aller**	
j'ai fait	nous avons fait	je suis allé(e)	nous sommes allé(e)s
tu as fait	vous avez fait	tu es allé(e)	vous êtes allé(e)(s)
il a fait	ils ont fait	il est allé	ils sont allés
		elle est allée	elles sont allées

主な動詞の過去分詞

aimer → aimé	faire → fait	voir → vu
avoir → eu	venir → venu	mettre → mis
être → été	prendre → pris	vouloir → voulu
finir → fini	pouvoir → pu	partir → parti

1. （　）内の動詞を適当な複合過去形にしなさい．

   1) Ils ＿＿＿＿＿＿ pour la France hier. (partir)

   2) Heureusement nous ＿＿＿＿＿＿ un beau temps ce jour-là. (avoir)

   3) Elle ＿＿＿＿＿＿ voir l'exposition des peintures de Renoir avant-hier. (aller)

   4) Je ＿＿＿＿＿＿ (faire) ce que je ＿＿＿＿＿＿ . (pouvoir)

   5) Pierre ＿＿＿＿＿＿ d'écrire à sa mère. (finir)

   6) Il ＿＿＿＿＿＿ sortir ce soir-là. (ne pas vouloir)

   7) Marie ＿＿＿＿＿＿ avec un musicien français. (se marier)

   8) Mes parents ＿＿＿＿＿＿ me voir samedi dernier. (venir)

2. あなた自身について，次の質問に答えなさい．

   1) Quand êtes-vous entré(e) à l'université ?

   2) Tu t'es levé(e) à quelle heure ce matin ?

   3) Etes-vous déjà allé(e) en France ?

   4) Qu'est-ce que vous avez fait dimanche dernier ?

パリの郵便局(左)・郵便ポスト(右)は黄色に統一されている．

パリに一番多い店はパン屋と薬屋である．
日曜・祭日も必ずどこかの薬屋が開いている．
急病の場合，SOS Médecin（tel. 01 47 07 77 77）を呼ぶと良い．一時間以内に来てくれる．

Les Champs-Elysées

L'avenue des Champs-Elysées, avenue la plus connue de France, est longue de 1910 m et large de 77 m. Elle a pris la forme actuelle sous le Second Empire, c'est-à-dire sous le règne de Napoléon III (neveu de Napoléon Ier) qui avait confié l'urbanisation de Paris au baron Haussmann. Celui-ci créa autour de l'Arc de Triomphe récemment terminé une sorte d'étoile composée de 12 avenues larges, diamétralement opposées, et également espacées. Jusqu'au XVIIIème siècle, l'endroit n'était qu'une vaste prairie où paissaient quelques troupeaux de vaches.

De nos jours, la partie ouest de l'avenue, c'est-à-dire la partie comprise entre l'Arc de Triomphe et le rond-point des Champs-Elysées, est bordée de cinémas, de boutiques, de banques, de sièges de compagnies aériennes et de restaurants ou cafés chics. Entre le rond-point et la place de la Concorde, elle se transforme en allées richement arborées qui donnent presque aux promeneurs l'impression de se trouver dans une forêt au milieu de la ville.

---

pris → prendre   Second Empire ナポレオン三世による第二帝政   créa → créerの単過
paissaient → paître   de nos jours 今日では   compris entre ～ et ～ ～と～の間に含まれる
rond-point (*m.*) ロータリー

　パリで大きなイベントがあると，テレビやラジオのアナウンサーは"世界で最も美しい町パリで，○○が行われた"と言った後，"世界で最も美しい通り，シャンゼリゼ大通りに○○万人"が集まったと加えるのが常である．毎年7月14日の革命記念日，パリ祭では大統領及び大勢の市民が見守る中，華やかに軍隊のパレードが行われる．凱旋門からコンコルド広場へ向かうと両サイドにシックな店舗，映画館，カフェ，有名な銀行や会社の本店などが立ち並ぶが，中程のロン・ポワンからはシャンゼリゼ公園と呼ばれ，周囲にマロニエやプラタナスの緑豊かな楽園が広がる．マリニー通り(avenue de Marigny)を左に曲れば前に衛兵が立つ大統領府エリゼー宮殿を見ることが出来る．急がず，ゆっくりと散歩の醍醐味を味わうように．

　日本と違って湿気が少なく乾燥しているので，夏なら喉がからからに渇くに違いない．だが景観を損なう自動販売機などは一切置かれていない．途中に一軒立つ小屋風の飲物他を売る売店がある．そこで飲む一杯のおいしさに感動するに違いない．

Notre-Dame de Paris

Pierre : Nous sommes devant la façade et sur le parvis de la cathédrale Notre-Dame de Paris, dédiée à Sainte Marie, mère du Christ.
C'est un chef-d'œuvre gothique. Sa construction a commencé en 1163, mais elle ne s'est achevée qu'en 1320.

s'achever　完成される

Sayaka : Il a donc fallu presque 2 siècles pour la construire ! Elle est vraiment majestueuse. En la voyant on imagine sans peine la ferveur de la foi chrétienne des gens du Moyen Age.

il faut + 名詞　～が必要である
fallu → falloir
sans peine　容易に

P. : La cathédrale est non seulement intimement associée à l'histoire de Paris, mais elle reste toujours le centre spirituel des Parisiens. Les habitants y viennent assister à la messe et écouter des concerts d'orgue.

S. : Tu m'expliques un peu ce que représentent ces nombreuses statues, à moi qui ne suis pas chrétienne ?

représenter　～を表す

P. : Toutes ces sculptures représentent des personnages et des scènes de la Bible. Au Moyen Age, à une époque qui ne connaissait pas l'imprimerie, l'ensemble de l'édifice servait d'enseignement chrétien.

Moyen Age　中世
connaissait → connaître
servir de ＋名詞　～に役立つ

S. : Je vois Sainte Marie, Jésus au bras, devant la rosace au-dessus du portail central.

vois → voir

P. : Juste au-dessous, c'est la galerie des rois qui présente 28 rois de l'Ancien Testament. Pendant la révolution de 1789, le peuple révolté, croyant que ces statues étaient celles de rois de France, les a démolies. Quoi qu'il en soit, pendant longtemps la cathédrale a été laissée à l'abandon. C'est seulement au XIXème siècle que de grands travaux de restauration ont été entrepris.

galerie des rois　諸王の回廊
Ancien Testament　旧約聖書

démolies → démolir
quoi qu'il en soit　いずれにせよ
être laissé à l'abandon　打ち捨てられたままになる

entrepris → entreprendre

S. : J'ai lu le roman de Victor Hugo, *Notre-Dame de Paris*. L'histoire du bossu Quasimodo et d'Esmeralda m'a fait pleurer.

lu → lire

P. : Justement, ce roman a beaucoup contribué à faire redécouvrir l'importance considérable de cet édifice grandiose dans la vie spirituelle des citoyens.

S. : Nous avons aussi de beaux temples, chefs-d'œuvre architecturaux, à Nara, à Kyoto ou ailleurs. C'est dommage qu'ils soient aujourd'hui plutôt des monuments historiques

C'est dommage ＋ subj.
　～は残念なことだ
soient → être
plûtot ～ que ～　～であるよりもむしろ～だ

que les supports spirituels de la vie quotidienne des citoyens.

Paris-Plage

パリ揺籃の地，シテ島での最初のカテドラル建設は，コンスタンティヌス帝による公認でキリスト教が躍進した四世紀にまで遡る．初期ゴシック建築を代表する現在のノートルダム大聖堂は大司教 De Sully の決定により，12世紀中葉から1世紀半かけて建設されたものである．フランス大革命で大きな破壊を受け，長いこと打ち捨てられていたが，ナポレオンはミサの再開を命じ，1804年自らの戴冠式をここで行った．1845年から20年かけて大規模な修復工事が行われたが，そのきっかけを作ったのはノートルダム大聖堂賛歌とも言うべき，作家 V. Hugo の小説 *Notre-Dame de Paris* である．

注) *Notre-Dame de Paris*
ノートルダム大聖堂の鐘つきのせむしのカジモドは美しいジプシー娘のエスメラルダに純粋な愛情を寄せている．副司教のフロロは彼女に邪な欲望を抱くが，受け入れられず，彼女を絞首刑に処してしまう．カジモドはエスメラルダの亡骸を抱いて，モンフォルコンの納骨堂に赴き，そのまま生き絶える．

夏のセーヌ河岸をパリのコートダジュールに！

　2001年3月にパリ市長に就任した社会党出身のB. Delanoë市長はセーヌ川を市民のものにと，同年早速始めた試みを2002年はさらに大規模に押し進めた．つまり多額の予算を計上し，7月21日から4週間，セーヌ川右岸から自動車を締め出し，砂を敷き，椰子の木を並べ，デッキチェア，パラソルを置き，喫茶の設備，音楽などの催しを用意し，パリ市民，観光客が憩い，懇親を深めることを目的とするParis-Plageという企画を実現したのである．最終日の8月18日，日刊ルモンド紙は第一面にその企画の大成功を伝え，社説で大きく称えた．あらゆる人種，階層の人々からなる200万人もの人々が繰り出し，心から楽しんだのである．これも車優先の社会を拒否し，人々が和み睦み合うことの出来る人間優先の社会への転換を図るパリ市の挑戦の一つである．毎年のパリの恒例行事となることは殆ど確実である．

Paris-Plageの宣伝看板，パリ各所に立てられた

Paris-Plageの成功を伝えるルモンド紙の写真（2002年8月18日〜19日付）

La formation de la France

La France s'appelait autrefois la Gaule et était divisée en de multiples états indépendants. Ses habitants, les Gaulois, étaient des Celtes venus de l'Est, il y a 2500 ans. Dès la fin du 2ème siècle avant Jésus Christ, les Romains occupèrent, dans le sud du pays, un vaste territoire allant des Alpes aux Pyrénées.

Alors que cette présence des Romains les avait peu alarmés, les Gaulois apprirent au contraire avec effroi, en l'an 58 avant Jésus Christ, l'arrivée chez eux des Helvètes, les Suisses d'aujourd'hui. Pour se protéger, ils demandèrent secours à l'homme le plus puissant du monde de l'époque, Jules César, qui, de fait, écrasa rapidement les envahisseurs. Mais Jules César avait l'ambition de faire de la Gaule, terre fertile, une colonie romaine. Après de rudes batailles la Gaule finit par tomber sous la domination romaine.

Alors commença l'époque gallo-romaine où les Gaulois et les Romains cohabitaient. Une époque qui a duré plus de 400 ans pour finir avec l'invasion des barbares au 5ème siècle. Parmi ces derniers, ce sont les Francs germaniques qui ont réussi à s'imposer, puis à dominer et à unifier le pays, d'où le nom de France. Clovis, chef des Francs, converti au catholicisme, fut baptisé à Reims en 496. Désormais, l'influence chrétienne, devait marquer tous les domaines dans le pays pendant près de 1000 ans, soit tout au long de la période allant du Moyen Age jusqu'à la Renaissance.

être divisé en 〜に分かれる　　alors que + ind 〜であるのに
apprirent → apprendre （聞いて）知る　　les Helvètes ヘルヴェティア人（今のスイス人）
se protéger 身を守る　　demander secours 助けを求める　　faire A de B BをAにする
finir par + inf. 最後に〜をする　　époque gallo-romaine ガロ・ロマン時代
invasion des barbares 蛮族の侵入　　s'imposer 自分を認めさせる
les Francs germaniques ゲルマン民族のフランク族　　devait → devoir　　marquer 刻印を残す
au long de〜 〜の間中

フランスはかつてゴールと呼ばれ，ケルト民族のゴーロワ人が住んでいた．紀元前二世紀の終わりごろから南からローマ人が侵入し，紀元前58年ジュリアス・シーザーによって征服された．以後4世紀以上にわたるゴーロワ人とローマ人が共存する平和なガロ－ローマ時代が続いたのである．

　そして，紀元後の5世紀に侵入してきた蛮族の中からゲルマン系フランク族が他を制し，その長のクロヴィスが初代の王としてメロヴィンガ王朝を開いた．彼が469年にランスで洗礼を受けたことによって，以後約1000年にわたってキリスト教が社会のあらゆる面に深く浸透するのである．

　従って，今日のフランス文化・社会の根底にローマ文化，キリスト教文化があると言えるであろう．

　フランスの見事な都市造りは前者から，人権擁護の精神は後者からの遺産と言えようか．

フランスにはどこの町にも戦争で戦って亡くなった人々を悼む碑 Monument aux morts が立っている．これは15区の市庁舎前の碑である．

文法復習3	指示形容詞，指示代名詞，強調構文

指示形容詞 "この"

男性単数	男性単数第二形	女性単数	男女複数
ce	**cet**	**cette**	**ces**
ce livre	cet appartement	cette maison	ces livres

指示代名詞：よく使われる ce（これ），ceci（これ），cela（それ），ça（それ）などの他に，単独では用いられず，常に内容を限定する表現と共に使われる次の指示代名詞がある．

男性単数	女性単数	男性複数	女性複数
celui	**celle**	**ceux**	**celles**

1) 遠近（-ci, -là）による限定

   Voilà deux voitures nouvelles. Je préfère celle-ci à celle-là.

2) 「de + 名詞」による限定

   Le manteau d'Isabelle est plus beau que celui d'Anne.

3) 関係代名詞による限定

   Ce vin est meilleur que celui que j'ai bu hier soir.

強調構文：文中の一つの要素を強調する時に，**C'est…qui**, **C'est…que** を用いる．

   主語を強調するとき（C'est…qui　〜）

   Nous avons raison. → C'est **nous** qui avons raison.

   その他の場合の強調（C'est…que　〜）

   Nous partirons demain. → C'est **demain** que nous partirons.

1. 適当な指示形容詞，指示代名詞を入れなさい．

   1) Je vais prendre cette robe pour ma sœur et ＿＿＿＿＿＿ pour moi.

   2) Il ne faut pas choisir ＿＿＿ vin mais ＿＿＿＿＿＿．

   3) Vous prenez ＿＿＿＿ chaussures ?　　Non, je prends ＿＿＿＿＿＿．

   4) ＿＿＿＿＿ tableaux sont très beaux, mais je préfère ＿＿＿＿＿＿．

   5) Voilà les deux voitures à la mode : ＿＿＿＿＿＿ est plus chère que ＿＿＿＿．

2. 次の文の下線部分を強調する文に変えなさい．

1) <u>L'équipe du Brésil</u> a gagné la Coupe Mondiale du foot de 2002.

2) Je donne ce cadeau <u>à ma mère</u>.

3) Mon frère a cassé <u>le vase</u>.

文法補遺

単純過去：行為を完結したものとして示し，次々に起こった出来事を述べるのに適しているので，歴史の叙述や，小説などで用いられる文章体の過去である．書けなくても，少しの忍耐で読めるようになる．
次の四つの形がある．

1) ai 型：不定法語尾が –er のすべての動詞の場合，単純過去の語尾は –ai, –as, –a, –âmes, –âtes, –èrent となる．

2) is 型：finir, partir, faire, voir などで，単純過去の語尾は –is, –is, –it, –îmes, –îtes, –irent となる．

3) us 型：être, avoir, pouvoir, vouloir などで，単純過去の語尾は –us, –us, –ut, –ûmes –ûtes, –urent となる．

4) ins 型：venir, tenir などで，単純過去の語尾は –ins, –ins, –int, –înmes, –întes, –inrent となる．

	donner		**être**		**venir**
je donnai	nous donnâmes	je fus	nous fûmes	je vins	nous vînmes
tu donnas	vous donnâtes	tu fus	vous fûtes	tu vins	vous vîntes
il donna	ils donnèrent	il fut	ils furent	il vint	ils vinrent

★La formation de la France の文には6つの単純過去形の動詞がある．それを探し出し，その不定詞を述べなさい．

La Tour Eiffel et le Champ de Mars

Pierre : Voilà la Tour Eiffel, symbole de Paris. Elle a été construite par l'ingénieur Gustave Eiffel pour être une des attractions de l'exposition universelle de 1889. Haute de 318 mètres, elle était le plus haut bâtiment du monde jusqu'à l'érection de l'Empire State Building en 1930.

construite → construire

Sayaka : Elle se dresse avec élégance, en pleine harmonie avec la Seine qui coule à ses pieds et avec l'emplacement verdoyant qu'est le champ de Mars.

P. : Oui, tout le monde l'admet aujourd'hui, mais à l'époque, cette construction a suscité de nombreuses contestations et elle n'a été achevée que sous condition d'être démolie au bout de 20 ans.

sous condition de ～　～の条件で（の留保つきで）
au bout de ～　～後には

S. : Heureusement, elle est toujours là. J'ai hâte de monter au haut de la Tour. Où se trouve l'ascenseur ?

avoir hâte de inf.　早く～したい

P. : Là-bas, mais on peut monter aussi à pied : 1665 marches jusqu'au 3ème étage situé à la hauteur de 275 m.

S. : Oh, là là! Ce sera pour la prochaine fois. Aujourd'hui nous n'avons pas beaucoup de temps ; soyons sages et montons par l'ascenseur comme tout le monde.

soyons → être

Du haut de la Tour

S. : Quel est le grand bâtiment qui est au bout du Champ de Mars ?

P. : C'est l'Ecole Militaire fondée par Louis XV en vue de former de jeunes officiers. Le Champ de Mars servait alors de terrain de manœuvres aux élèves-officiers. Aujourd'hui c'est, avec l'avenue des Champs-Elysées, le lieu de rassemblement des Parisiens quand se produit un événement important.

terrain de manœuvres 演習場

se produire 起こる, 生じる

S. : J'ai vu à la télé qu'une grande foule y attendait de voir jaillir de la Tour Eiffel, à minuit exactement, un feu d'artifice inoubliable destiné à saluer l'arrivée de l'an 2000.

destiné à + inf. ～の用途にあてられた

P. : Oui, c'était très émouvant. Tout le monde se saluait, même les tout petits, en disant « Bonne Année ». On se sentait vraiment unis.

フランス革命後100年，1889年のパリ万国博覧会を記念する事業に応募した100以上もの企画の中から選ばれたのが，ギュスタヴ・エッフェルによる300メートルもの高さの鋼鉄のエッフェル塔建立であった．当時の産業技術の粋を誇るものであったが，美観を損ねるとして多くの文化人が猛反対したため，20年後には取り壊すという条件で完成された．20年後，無線技術への利用価値が認識されて救われ，今では名実共にパリのシンボルとして定着している．前に広がるシャン・ド・マルス公園はシャンゼリゼ大通りと共に，イヴェントの度にパリ市民が集結する場になっている．2000年を迎える記念すべき夜には家族づれでパリ市民が繰り出し，塔から吹き出る花火と共に"Bonne Année !"と祝い合った．眺めは最上階からは高過ぎ，2階からの方が素晴らしい．

Ecole militaire

文法復習 4　　　　直説法半過去及び大過去

半過去：語幹は直接法現在 nous の活用形の語幹と同じで，語尾は -ais, -ais, -ait, -ions, -iez, -aient となる．

	avoir			être	
j'avais	nous avions		j'étais	nous étions	
tu avais	vous aviez		tu étais	vous étiez	
il avait	ils avaient		il était	ils étaient	

複合過去が始まりと終わりがはっきりした完結した行為を表すのに対し，半過去は次のような事を表すのに用いられる．

1) 過去のある時点で進行中の行為や状態の描写

   Tu lisais et j'écoutais de la musique.

   Il était content de cette nouvelle.

2) 過去の習慣

   Nous allions à cette vieille église le dimanche.

3) 間接話法での"過去における現在"

   Il a dit que sa mère était morte la veille.

大過去：avoir 又は être の半過去形＋過去分詞で，過去のある時点ですでに完了している行為，状態を表すのに用いられる．

Quand nous sommes arrivés à la gare, le train était déjà parti.

1. （　）内の動詞を適当な半過去形にし，文を和訳しなさい．

   1) Je ＿＿＿＿＿＿ la télé quand il m'a appelé. (regarder)

   2) Mes parents ＿＿＿＿＿＿ en France à cette époque-là. (vivre)

   3) Nous ＿＿＿＿＿＿ chez nos grands-parents en vacances. (aller)

   4) Je croyais que tu ＿＿＿＿＿＿ encore à l'hôpital. (être)

2.（　　）内の動詞を大過去形にし，和訳しなさい．

1) Quand nous sommes entrés dans la salle, le film _____ .
   (déjà commencer)

2) Je suis allé revoir le film que j'_____ quand j'étais enfant. (voir)

3) Il m'a annoncé la nouvelle qu'il _____ à la radio. (entendre)

le Champ de Mars et la Tour Eiffel

Champ de Mars
どの公園にも子供の遊び場が必ずもうけられている

Chapitre 5

Montmartre

Sayaka : Le temps passe vite. Nous sommes déjà au cinquième jour. Il ne reste plus que 4 jours pour achever nos visites.

Pierre : Oh là là! Tu restes japonaise, toujours pressée. N'essaye pas de visiter tous les monuments de Paris en une seule fois. Tu n'as qu'à revenir !

S. : Je l'espère bien. Nous sommes arrivés à la butte Montmartre dont on voit la basilique blanche du Sacré Cœur de presque partout à Paris. Montmartre veut dire « le mont des martyrs », n'est-ce pas ?

P. : C'est bien cela. Monmartre conserve la mémoire des chrétiens martyrisés à Paris vers l'an 250. Parmi eux, il y avait Saint Denis, premier évêque de Paris. On dit que, décapité, il a pris sa tête dans ses mains et a marché jusqu'à l'endroit où se trouve aujourd'hui la basilique

*左上の写真は Basilique du Sacré Cœur，右上の写真はその裏手にあるモンマルトル丘の降り階段

essayer de 〜しようと試みる，努める
n'avoir qu'à + inf. 〜しさえすれば良い

vouloir dire を意味する

dit → dire
pris → prendre

de Saint Denis qui abrite son tombeau.

S. : Cette basilique-là n'abrite-t-elle pas aussi les sépultures des rois et des reines de France ?

P. : Si, même si beaucoup ont été profanées et dispersées sous la Révolution. Lors de la Restauration, Louis XVIII a réuni ce qu'il en restait. La basilique de Saint Denis marque le début du rayonnement du style gothique. Tu la visiteras à ta prochaine visite à Paris. Elle mérite le déplacement.

lors de ~ ～の時に
la Restauration 王政復古
il reste de qc. ～のうちから残る

S. : Oui, je le ferai. Mais, aujourd'hui, debout devant cette basilique du Sacré Cœur, on a l'impression de dominer tout Paris. Quelle vue panoramique !

P. : A la fin du XIXème siècle, Montmartre était aussi le rendez-vous de peintres comme Matisse, Degas, Modigliani, Manet et Picasso, ou d'écrivains et de poètes comme Apollinaire, Max Jacob et leurs disciples. Ils se retrouvaient dans des cafés, des cabarets, ou autres lieux de divertissement du quartier.

rendez-vous (m.) 会合の場所，溜まり場

se retrouver 落ち合う

S. : Il semble que l'esprit bohème reste encore ici, comme le montre la place du Tertre où s'entassent des peintres inconnus pour gagner quelque argent en proposant aux promeneurs de dessiner leur portrait. En tout cas, cette place me donne une idée : emporter comme souvenir

il semble que + subj. ～であるように思われる
bohème ボヘミアン的な，気ままな
s'entasser ひしめき合う

un portrait de moi fait ici. Qu'en penses-tu ?

P. : C'est une bonne idée. Mais, fais attention. On peut te demander un prix fou si tu ne t'entends pas à l'avance avec le peintre.

s'entendre avec ～と話をつけておく

place du Tertre

パリの北の高台にあるモンマルトルはその名（Mont des Martyrs＝殉教者の丘）が示すとおり，紀元3世紀にそこで斬首されたキリスト教宣教者で，パリの最初の司教聖ドニにちなんでいる．伝説では，聖ドニは斬り落とされた自分の首を持って，今日フランスの代々の王の墳墓が納められているサンドニ聖堂のある場所まで歩いたと言われている．中世には重要な巡礼地となっていたその丘には，今はビザンチン様式の白いサクレ・クール聖堂が聳えている．19世紀後半，その界隈は画家，作家，詩人たちの溜まり場になって賑わった．今は寺院左隣にあるテルトル広場に無名画家たちが集まり似顔絵を描いて金を稼いでいる．聖堂の左手外の階段からドームに上ってパリの町を見晴らそう．迷うことを恐れないで寺院裏手の情緒ある道や階段を下りていけば，必ずどこかの地下鉄駅にたどりつく．

文法復習5	形容詞，副詞の比較級と最上級

比較級：
$$\begin{array}{l}\textbf{plus}\ (+)\\ \textbf{aussi}\ (=)\\ \textbf{moins}(-)\end{array} + \text{形容詞／副詞}\ \textbf{que} \sim$$

Marie est plus studieuse que sa sœur.
Anne marche aussi vite que son mari.

最上級： 定冠詞 ＋ $\begin{array}{l}\textbf{plus}\\ \textbf{moins}\end{array}$ ＋ 形容詞／副詞 **de**〜

形容詞の場合，定冠詞は性・数に応じて le, la, les のいずれかを選ぶ．
副詞の場合，定冠詞は常に le である．
Denise est la plus intelligente de la classe.
Il nage le plus vite de l'équipe.

特殊な比較級・最上級

原型	比較級	最上級
bon(ne)	meilleur(e)	le (la) meilleur(e)
mauvais(e)	pire	le (la) pire
bien	mieux	le mieux

1. （　）の形容詞又は副詞の適当な形を入れ，指定された比較級の文を作りなさい．

   1) Alice est _____ que son frère ainé. (grand → +)

   2) Le soleil se lève _____ en Europe qu'au Japon. (tôt → −)

   3) L'eau est _____ que l'air. (précieux → =)

   4) Les vins français sont _____ que les vins japonais. (bon → +)

   5) Paul travaille _____ que Jacques. (bien → +)

2. 次の和文をフランス語にしなさい．

1) パリは世界で最も美しい町です．

2) 東京タワーはエッフェル塔よりも低いです．（劣等比較級で）

3) それは今年最悪の出来事（évènement）です．

Bibliothèque nationale de France-François Mitterand
パリの東部セーヌ河畔のベルシー（Bercy）に立つ80mの高さの開いた本を表わす形状のガラス張りの4つのビルから成り，その間がセーヌ川の景色を存分に楽しみ，友と語らうのに適した床が木造りの高台の大広場となっている．閲覧室は一階にあり，木々の多い庭園を眺めながら，研究にいそしむことができる．月曜の午前以外は，原則として朝9時から夜の8時まで開館している．最新のメトロ14号線の終着駅にある．

Chapitre 6

Séjour de Pierre au Japon

Sayaka : Pierre, tu as dit que tu avais passé un an au Japon. Pourquoi as-tu voulu venir ?

Pierre : Quand j'étais étudiant en informatique à l'Ecole Centrale, une des Grandes Ecoles de Paris, je voulais voir l'Asie et j'ai choisi le Japon en raison de son haut niveau scientifique.

S. : Tu n'as pas regretté ton choix ? Dans quelle université as-tu étudié au Japon ?

P. : Bien sûr que non, je n'ai pas regretté d'être venu au Japon. J'ai été envoyé à l'une des universités nationales à Yokohama.

S. : Tu as eu beaucoup de contacts avec des étudiants japonais ? N'as-tu pas eu des problèmes de langue ?

P. : Pas trop, car on communiquait principalement en anglais à la fac. J'ai connu beaucoup

＊上右の写真は「ピエールの嫌いな日本」(車内のタバコ広告，駅構内の広告の氾濫，自動販売機の乱立，駅前のパチンコ屋)

Ecole Centrale　厳しい選抜試験によって入る理系のグランゼコールの一つ

à la fac　大学で
connu → connaître

d'étudiants non seulement japonais, mais aussi asiatiques et africains de haut niveau. C'étaient vraiment des contacts stimulants et intéressants. Mais, en dehors de l'université, ce n'était pas facile de me faire comprendre en japonais, surtout au début.

en dehors de～　～の外では
se faire comprendre　自分を理解してもらう

S. : Moi, je n'ai pas de mal à te comprendre. Moi aussi, si tu n'étais pas là, je serais complètement perdue à Paris.

avoir du mal à inf.　～するのが困難である

P. : Certains professeurs m'ont invité chez eux. Alors, j'ai eu l'occasion de me familiariser avec le style traditionnel de vie des Japonais : la vie sur le tatami, la cuisine japonaise, une harmonie familiale. Cela m'a beaucoup plu.

se familiariser ave qc./qn.　～に親しむ，～に慣れる

plaire à qn.　～の気に入る
plu → plaire

S. : Qu'est-ce qui ne t'a pas plu au Japon ?

P. : J'ai beaucoup aimé Nara, ancienne capitale du Japon, ainsi que les provinces japonaises en général, mais j'ai horreur des grandes villes comme Tokyo et Yokohama où il y a trop de monde, trop de bruit, trop de sites commerciaux avec leurs panneaux publicitaires aux couleurs plus que criardes.

ainsi que～　～と同様に
avoir horreur de qn./qc.　～をひどく嫌う

couleur criarde　どぎつい色
plus que　trèsと同じ意味

S. : Je suis tout à fait de ton avis, surtout après avoir vu cette belle ville qu'est Paris. J'ai été émerveillée tout au long de nos sorties par le souci de perfection qui a rendu la capitale si pittoresque pour ceux qui la découvrent, si

tout à fait　全く
être de son avis　～と同じ意見である
être émerveillé par qc.　～に感嘆する
tout au long de～　～の間中ずっと

agréable pour ceux qui s'y promènent, si
humaine pour ceux qui y vivent.

P. : Comme toutes les autres grandes villes du
monde, Paris est en continuelle évolution.
J'espère que son visage à venir ne décevra pas les   décevra → décevoir
visiteurs.

パリの公衆トイレ

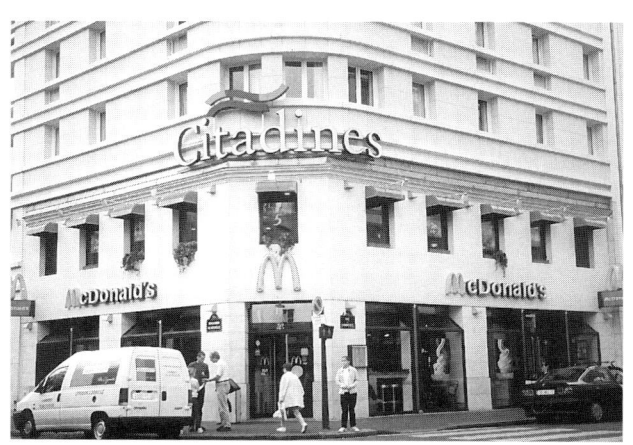

パリのマクドナルド．白地でまとめられ，Mの黄色だけが目立つ．日本のあの真赤なマクドナルドはフランスにはない．

パリ市は町の景観を維持するため，様々な規制を設けているが，色もその一つで，調和を乱す毒々しい原色は許されない．その一方，医・薬局関係は緑か青色，郵便局・ポストは黄色，ごみ箱・清掃車・清掃人の制服は緑色と色のシンボル的な使い分けがなされているのも嬉しい発見である．

文法復習6　　　　　　　　**関係代名詞**

主要な関係代名詞は qui, que, dont, où である．

qui：　先行詞が次にくる動詞の主語である場合：
Je connais le serveur qui travaille dans ce café.

前置詞＋qui の先行詞は人だけに限られる：
Qui est cette jeune fille à qui tu parles ?

que：　先行詞が次にくる動詞の直接目的語か属詞である場合：
C'est le musicien que j'aime beaucoup.

前置詞＋quoi の先行詞は，普通 ce 又は chose, rien といった事柄を示す代名詞(名詞)に限られる：C'est ce à quoi je pense.

dont：　前置詞 de を含む関係代名詞．
L'évènement dont on ne cesse de parler est celui de l'attentat à New York en 2001.

où：　先行詞は，場所・時を表す名詞・副詞である．
Voilà la maison où il habite depuis 20 ans.

1. qui, que, dont, où の中から選んで下線上に入れなさい．

    1) Veux-tu passer le journal _____ est sur la table à côté de toi.

    2) La piscine _____ je vais régulièrement n'est pas loin de chez moi.

    3) Le jour _____ je me souviens bien est celui de la naissance de notre fils.

    4) Quel est le film _____ tu voudrais voir cet après-midi ?

    5) L'acteur _____ je t'ai parlé est là-bas.

2. 関係代名詞を用いて次の二文を一つの文にしなさい．

    1) J'ai hérité de la maison.　　Mes parents habitaient là.

2) La pièce de théâtre était intéressante.

   Hier soir, je suis allé voir cette piéce.

3) J'ai un frère.   Je partage la chambre avec lui.

4) Voici l'actrice.   J'admire beaucoup son talent.

5) Les fleurs sont belles.   Tu m'a donné ces fleurs à mon anniversaire.

ホテルの紹介

15区のメトロ La Motte-Picquet-Grenelle 駅に近い比較的低料金のホテルを以下に紹介する．エッフェル塔のあるシャン・ド・マルス広場やナポレオンの墓のあるアンヴァリドに近い地の利の良い地域で，いずれもメトロ La Motte-Picquet-Grenelle 駅の駅前か，そのすぐ近くにある．

1) **Hôtel Saphir Grenelle**　住所：10, rue du Commerce, 75015 Paris
   全室浴室完備　　　　　　シングル：63 €　　ツイン：75 €
   Tel: 01 45 75 12 23 / Fax: 01 45 75 62 49

2) **Hôtel Mondial**　住所：136, boulevard de Grenelle, 75015 Paris
   シャワー付き　　　　　　シングル：39 €　　ツイン：53 €
   シャワー・トイレ付き　　シングル：48 €　　ツイン：63 €
   浴室トイレ付き　　　　　シングル：50 €
   Tel: 01 45 79 73 57/Fax: 01 45 79 58 65/E-mail: mondialhotel@yahoo.fr

3) **Hôtel Prince Albert**　住所：62, rue de la Croix-Nivert, 75015 Paris
   シャワー・トイレ付き　　シングル：58～66 €
   浴室・トイレ付き　　　　ダブル：77～84 €
   Tel: 01 45 32 51 70 / Fax: 01 45 32 96 00 / E-mail: resapate@free.fr

Citadines Paris Tour Eiffle

長期滞在型マンション形式のチェーン・ホテルとしては Citadines がパリ各所にある．2人用で 25 ㎡ の広さで，浴室・炊事設備完備の少々贅沢なスチュディオである．豊かな食材に恵まれたパリでの自炊生活をするのも楽しい経験となるだろう．地下鉄 La Motte-Piquet-Grenelle 駅前にあるものだけを紹介する．

Citadines Paris Tour Eiffel　住所：132, boulevard de Grenelle, 75015 Paris
2人用 Studio が一週間までは日に 141～159 €
一週間以上，29日間までは 127～139 €
4人用の2部屋のものもある．
Tel: 01 53 95 60 00 / Fax:01 53 95 60 95 / E-mail: resa@citadines.com

Haussmann

Sans l'œuvre d'Haussmann, Paris n'aurait jamais pris sa physionomie d'aujourd'hui. Petit-fils d'un Allemand ayant émigré en France, il est nommé préfet de la Seine en 1853 par l'empereur Napoléon III. Celui-ci qui rêve d'embellir Paris lui confie la tâche de mener à bien les travaux de transformation de la capitale. Pendant 17 ans, Haussmann s'y consacre pleinement. Il rase des quartiers entiers, perce avenues et boulevards, et crée de nombreux parcs et jardins. Jusqu'à une date récente, on lui devait la quasi-totalité des espaces verts de Paris. Urbaniste très moderne, il améliore considérablement le réseau d'égouts et organise la distribution d'eau de source pour remplacer l'eau de la Seine souvent responsable de la propagation du choléra. Sous sa conduite, la proche banlieue est annexée à Paris qui passe ainsi de douze à vingt arrondissements. Il n'oublie pas d'équiper chaque arrondissement : églises, mairie, théâtres, hôpitaux, caserne.

Si l'œuvre d'Haussmann est véritablement immense, les dépenses qui en résultent le sont aussi. C'est ce qui provoque sa disgrâce. Il est relevé de ses fonctions de préfet de la Seine en 1870, laissant derrière lui Paris, ville que l'on dit souvent la plus belle du monde.

être nommé ~　　～に任命される　　mener qc. à bien　　～を首尾よく成し遂げる
se consacrer à ~　　～に献身する　　devoir qc. à qn.　　～は～のお陰である
passer de ~ à ~　　～から～へと移る　　équiper　　～を整備する　　résulter de　　～の結果として生ずる
être relevé de ses fonctions　職を解任される

世界で最も美しい町と自他共に誇るパリだが，昔からそうであったわけではない．今日のパリの姿は19世紀，ナポレオン三世の第二帝政下でセーヌ県知事だったオスマン知事によるパリ大改造工事の結果である．彼の指揮下で直線の幅広い並木道，無数の緑深い庭園，見晴らし抜群の沢山のゆったりした広場が造られ，ナポレオン一世の発案である見事な住居表示がさらに整備された他，何度もコレラ蔓延の原因となったセーヌ川からの飲料水採取が水源地からに変えられ，下水道の完備する清潔な町へとパリは変貌を遂げたのである．それでもなお，もっと美しくもっと住みやすくするべく，どのパリ市長も躍起となるのがパリなのである．

　パリの東西南北に広い緑地を用意したオスマン知事以上に，現在のパリ市も環境の質的向上を目指し，パリをさらに緑園都市化する努力を積極的に続けている．どの住民も500メートル以内に緑地を享受出来ることを目標に，1980年代から今日までの20年間に公園，庭園，スクエア，散歩道など150もの新しい緑地が造成された．5区 Quartier Latin の Jardin de Cluny，12区の Parc de Bercy や Promenade Plantée，14区モンパルナス駅上に作られた Jardin Atlantique，15区の Parc d'André-Citroën，19区の広大な Parc de Belleville 他で，現在のパリは実に430以上もの公園・庭園を数える．

Parc André-Citroën

　セーヌ河畔にある自動車のアンドレ・シトロエン工場の膨大な跡地に90年代，0歳児からあらゆる年齢層の人々が楽しみ，遊び，憩える公園として Gilles Clément の意匠により造られた．何十本もの噴水から湧き出る水で遊べる空間，人口の滝や池や川，深い森，豊かな木陰の空間，温室，だだっ広い芝生の空間その他がある．お金は一銭もいらないし，売店すらもない．ただ気球に乗りたい人だけ一人10€を払うだけである．是非訪ねてみよう．

　Métro Javel-André-Citroën駅下車

Chapitre 7

Promenade au bois de Boulogne

*上の写真は Bois de Boulongne

La veille de la promenade, dans un café

Pierre : Puisque tu aimes la verdure, je t'amènerai demain au bois de Boulogne. Il y a deux grands bois à Paris : le bois de Boulogne à l'ouest et le bois de Vincennes à l'est.

Sayaka : Comme je serai heureuse ! Comment ira-t-on ?

P. : Le bois est immense avec ses 863 hectares. On peut donc y accéder de diverses manières. Nous prendrons à la station Ségur la ligne 10 du métro pour descendre à Porte d'Auteuil. Es-tu prête à marcher beaucoup ? Il faudra avoir de bons pieds.

ligne 10 du métro　地下鉄10号線

S. : Je ne te décevrai pas, tu verras. On dit que le Parc de Bagatelle, à l'intérieur du bois, est magnifique.

décevrai → décevoir
verras → voir
dit → dire

P. : Oui, surtout de la fin mai à la mi-juin, quand

les rosiers sont en pleine floraison, mais nous irons plutôt au Lac Inférieur autour duquel nous nous promènerons et sur lequel nous canoterons si nous sommes fatigués.

Lac Inférieur 下湖（ブーローニュの森には二つの大きな湖があり，その一つ）

canoter ボートに乗る

S. : Ça sera formidable ! Je sais ramer, même des heures durant.

P. : J'aimerais pouvoir manger le soir au Chalet des îles dans le lac, mais malheureusement, notre bourse ne le permettra pas.

Chalet des îles 下湖内の島にある高級レストラン

S. : Ça ne fait rien. Nous achèterons un bon plat chez un traiteur pour faire un repas royal chez nous. D'ailleurs, le guide recommande de ne pas rester trop tard le soir dans le bois.

traiteur 総菜屋
repas royal 豪勢な食事

P. : Oui, il paraît qu'en certains endroits il se transforme, la nuit, en paradis des homosexuels et des prostituées.

se transformer en 〜に変わる

S. : En tout cas, moi, cette nuit je ferai le rêve de « la Belle au Bois Dormant » attendant l'arrivée du Prince Charmant pour se réveiller. Et, à ma prochaine visite en France j'irai sûrement au bois de Vincennes, plus vaste encore que le bois de Boulogne.

ferai → faire

Belle au Bois Dormant 眠りの森の美女

irai → aller

至るところ美しい並木が彩るパリだが，加えてその西端と東端に巨大な二つの森，ブーローニュの森とヴァンセンヌの森が広がっている．かつては王侯・貴族の狩猟場所であった．ナポレオン三世は，皇帝になる前に亡命していたイギリスのロンドンでハイドパークに魅せられ，パリにもハイドパークをと望み，オスマン知事にその実現を委ねた．そうして出来たのが現在のブーローニュの森である．845ヘクタールもの広大な緑地に，大きな二つの湖，バラで有名なバガテル庭園の他，スポーツ競技場，サイクリング路，レストランなどが完備し，週末には多くのパリの人々が繰り出す憩いの場となっている．一日を森林浴するつもりでゆっくり湖の周りを散策し，パリの人々の休暇の過ごし方を観察するのも楽しいと思うが……

文法復習7　　　　　直説法単純未来，前未来

単純未来は － rai, － ras, － ra, － rons, － rez, － ront という共通の語尾を持つ．

aimer

j'aimerai	nous aimerons		
tu aimeras	vous aimerez		
il aimera	ils aimeront		

être

je serai	nous serons
tu seras	vous serez
il sera	ils seront

その他の動詞の単純未来形

avoir → j'aurai　　aller → j'irai　　faire → je ferai　　venir → je viendrai

finir → je finirai　　voir → je verrai　　partir → je partirai　　pouvoir → je pourrai

用法

1) 未来に起こる事柄をあらわす：Il rentrera dans une semaine.

2) 命令を示す：Vous ferez ça avant midi.

前未来は《avoir / être の単純未来＋過去分詞》で，未来のある時点以前に完了したことを表す．

finir

j'aurai fini	nous aurons fini
tu auras fini	vous aurez fini
il aura fini	ils auront fini

venir

je serai venu(e)	nous serons venu(e)s
tu seras venu(e)	vous serez venu(e)(s)
il sera venu	ils seront venus

1. （　）内の動詞の単純未来形を下線上に入れなさい．

   1) Nous _____ en vacances dès la semaine prochaine. (être)

   2) Je n' _____ pas le temps de lire ce gros livre. (avoir)

   3) Quand est-ce que vous _____ en Allemagne ? (aller)

   4) En quel mois _____-vous vos vacances ? (prendre)

   5) Ils _____ bientôt pour la Chine. (partir)

2. 下線上に（　）内の動詞の前未来形を入れ，文全体を和訳しなさい．

   1) J'espère que vous _____ (finir) ce travail avant le 20 septembre.

   2) Quand tu arriveras à la gare, le train _____ (partir).

パリの新しい散歩道：Promenade Plantée

　12区バスチーユ（Bastille）の，以前はパリと郊外を結ぶ列車が走っていた路線跡の高架橋の下に，シックな店の並ぶ新しい名所Viaduc des Artsが出来ている．その路線跡に近年，緑や花で一杯の4.5キロメートルも続く長い散歩道が整備された．将来は東のヴァンセンヌの森までさらに伸びる筈である．まったく自動車に煩わされないで，街中にいることも忘れて，ひたすら歩いて約2時間の自然満載の道を楽しむことができる．さらに途中にある広大な庭園Jardin de Reuilly（1.3 ha）とSquare Charles-Péguy（1.3 ha）他に立ち寄り楽しむならば憩いの一日となるだろう．パリのモニュメントを訪ねることに劣らない感動を受けることは間違いない．

Promenade Plantée

Paris et sa population

Paris se trouve au milieu de la région Ile-de-France qui regroupe 10,9 millions d'habitants soit 18 % de la population totale de la France (60 millions d'habitants). Tandis que le nombre des habitants de Paris intra-muros constitué de 20 arrondissements ne cesse de diminuer, l'agglomération parisienne reste la plus grande d'Europe, devant le Grand Londres, qui compte environ 9 millions d'habitants. Il faudrait y ajouter plus d'un million de chats et de chiens, car 9 % de foyers possèdent un chien et 13 %, un chat.

En fait, Paris se vide chaque soir et se remplit chaque matin. L'explication est la suivante : la grande majorité des travailleurs habitant en grande couronne (départements de l'Essonne, de la Seine-et-Marne, du Val-d'Oise et des Yvelines) et en petite couronne (départements de Seine-Saint-Denis, Hauts de Seine et Val de Marne) exercent leur activité professionnelle à Paris.

Dans la journée, les travailleurs de la capitale comprennent ainsi un parisien pour quatre banlieusards.

Paris intra-muros　パリ市内（20区を指す）　　　ne cesser de inf.　〜を止めない，〜し続ける
agglomération parisienne　パリ及びその周辺の市街化地域　　　se vider　空になる
se remplir　一杯になる　　　couronne　（パリを取り巻く）近郊市街地
comprennent → comprendre　含む　　　banlieusard　郊外居住者

パリ都市圏の3地域
パリ20区，パリ近接市街地，パリ遠距離市街地

- Paris
- La petite couronne
- La grande couronne

(地図中の県名: Val-d'Oise, Hauts-de-Seine, Yvelines, Seine-Saint-Denis, Paris, Val-de-Marne, Essone, Seine-et-Marne)

50Km

パリ都市圏の人口変化

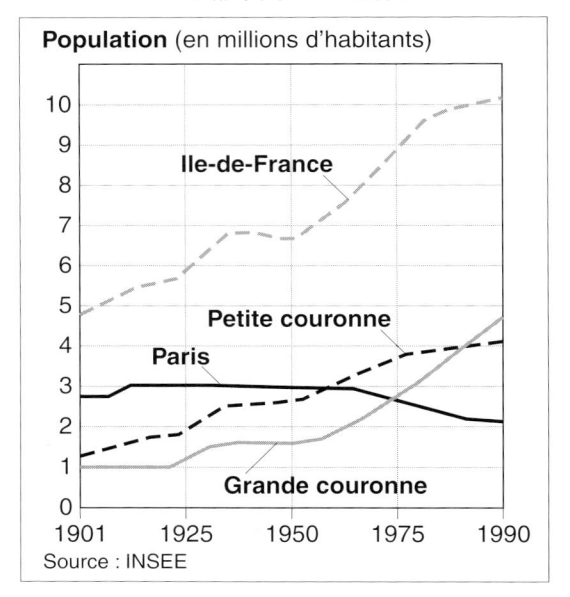

Population (en millions d'habitants)

- Ile-de-France
- Petite couronne
- Paris
- Grande couronne

1901　1925　1950　1975　1990
Source : INSEE

パリのユネスコ本部

　その形状からL'Hexagone（六角形）とも呼ばれるフランス本土は22の広域行政圏(地方)に分かれるが，パリはその一つ，イル・ド・フランス (Ile-de-France) の中央に位置する．フランス本土の96県中の一県である．

　パリ20区の人口は約220万人に止まり，しかも減少し続けているが，パリ及びそれを囲む7県にまたがる近郊市街地 (petite couronne)，遠距離市街地 (grande couronne) を合わせたパリ都市圏全体の人口は1100万人を数え，900万人のロンドン都市圏の人口を凌駕する．パリはヨーロッパ随一の観光都市であると同時に，ユネスコやヨーロッパ経済共同体の本部が存在する，国際政治の重要な拠点でもある．

Chapitre 8

Le Musée d'Orsay

Pierre : Si tu ne te rendais pas au moins à un des musées nationaux de Paris, ta visite serait vraiment incomplète. Choisis entre le Louvre et le musée d'Orsay.

*上の写真は Musée d'Orsay
se rendre à〜 〜に行く, 〜に赴く

Sayaka : Si j'avais plus de temps, je ne manquerais pas d'aller les voir tous les deux. Malheureusement, le temps m'est limité. C'est pourquoi je crois qu'il vaut mieux aller au musée d'Orsay. C'est là qu'il y aura sans doute moins de monde.

il vaut mieux + inf. 〜する方が良い

P. : C'est vrai. Avec 5,7 millions d'entrées par an le Louvre est, de loin, le musée qui reçoit le plus de visiteurs. Ceux-ci sont moitié moins nombreux au musée d'Orsay.

S. : De toute façon, les collections du musée d'Orsay sont plus proches de mes goûts et me sont plus familières. Je voudrais voir surtout les tableaux des impressionistes tels que Degas, Monet, Renoir et Cézanne.

proche de〜 〜に近い

tel que〜 〜のような

P. : Alors, c'est décidé. Tu le verras, le musée abrite une sélection d'œuvres d'art de la seconde moitié du XIXème siècle et des premières années du XXème siècle. On y trouve non seulement des peintures et des sculptures de cette période, mais aussi d'autres créations artistiques dans le domaine de l'architecture, de la photographie et même de l'urbanisme.

non seulement..., mais aussi...　〜だけでなく〜も

S. : Est-il vrai que le musée était autrefois une gare ?

P. : C'est tout à fait vrai. Par souci de préserver le patrimoine architectural, on a réaménagé l'ancienne gare d'Orsay, en la transformant en un musée magnifique.

par souci de + inf.　〜するための配慮で
réaménager　再整備する

S. : J'ai hâte de constater par moi-même la qualité de cet aménagement.

P. : Tu le feras tout de suite en entrant. La grande allée où se trouvent des chefs-d'œuvre de la sculpture était la nef centrale de la gare, 140m de long et 35m de haut.

allée(f.)　通路
nef centrale　出発ホーム口

S. : Cette transformation d'une gare en musée est aussi un chef-d'œuvre, n'est-ce pas ? J'admire cette idée originale des Français.

P. : Je suis d'accord avec toi sur ces deux points. En tout cas le musée d'Orsay est une vraie réussite.

en tout cas　いずれにせよ

産業革命の先端をいく華やかなパリを象徴し，1900年の万国博のためにパリとボルドー，トゥールーズを結ぶために作られた，上にホテルを備えるオルセー駅であるが，1939年に鉄道駅としての機能は廃止された．その後様々な用途に利用されたが，1961年来取り壊される運命となった．しかし19世紀の歴史的建造物を保存しようとの声が高まり，1978年美術館への改造が決まったのである．ここには19世紀後半から20世紀初頭の絵画，彫刻，装飾芸術，建築など，多様な分野の芸術作品が収められている．私達に馴染みのある画家，ゴーガン，ゴッホ，ドガ，セザンヌ，ボナールなどの作品が見られ，ルーブル美術館に次いで人気の高い美術館である．

財務省

　財務（経済・産業）省の移転で，数年の間にうらびれて，低所得者層の住む所というイメージがあったパリ東部地域は見事な変貌を遂げた．室内スポーツの総合競技場（Palais Omnisports de Bercy）が建設され，様々なスポーツ競技の他，多くの文化的催しが開かれている．かつてはぶどう酒の倉庫が並んでいた敷地跡には広大なベルシー公園（Parc de Bercy）が整備され，市民に豊かな憩いの場を提供している．Cours St-Emilion という楽しく情緒あるショッピング街も用意されている．

文法復習 8　　　　　　　**条件法現在・条件法過去**

　条件法現在は現在の事実に反する仮定をたて，「もし……なら，……だろうに」とその結果を推測する用法で，語幹は単純未来，語尾は半過去と同じである．何かを頼んだり，忠告したりする時に使えば丁寧な言い方（緩和的表現）になる．条件文の方には半過去形が用いられる．

　　　Si j'étais plus jeune, je changerais de métier.

　　　Vous pourriez rappeler plus tard ?（緩和的表現）

　条件法過去は過去の事実に反する仮定をたて，「もし……だったら，……だったろうに」とその結果を予測する用法で，《avoir／être の条件法現在＋過去分詞》である．過去の事実に対する後悔・非難の気持ちを表すためにも用いられる．条件文の方には大過去形が用いられる．

　　　S'il avait été plus prudent, il ne serait pas mort d'un tel accident de voiture.

　　　Tu n'aurais pas dû arriver en retard.（非難）

1. 1)～5)は現在の事実の反対の仮定又は婉曲の文になるように，6)～8)は過去の事実の反対の仮定または非難の気持を表す文になるように，（　　）の動詞を適当な形にし，和訳しなさい．

   1) S'il _____ (faire) beau, nous _____ (aller) à la mer.

   2) S'il _____ (avoir) de l'argent, il _____ (acheter) une moto.

   3) Je _____ (être) malheureux sans toi.

   4) Si tu _____ (étudier) plus, tu _____ (réussir) sûrement à l'examen.

   5) Vous _____ (devoir) vous reposer.

   6) Si vous _____ (être) plus studieuse, vous _____ (être reçue) au concours d'entrée de cette université.

   7) Si j' _____ (gagner) à la loterie, je _____ (partir) vivre à Paris.

   8) Tu _____ (pouvoir) lui dire bonjour quand même.

Le métro parisien

Le métro qui vient de fêter son centenaire, tient une place importante dans la vie parisienne. Chaque Parisien vit en permanence avec un plan du métro dans la poche ou du moins chez lui.

C'est afin d'être en mesure d'accueillir les millions de visiteurs prévus pour l'exposition universelle de 1900, qu'est ouverte la première ligne, celle qui relie la Porte Maillot à la Porte de Vincennes. Fulgence Bienvenue, polytechnicien, est chargé de la conduite des travaux.

Depuis lors, on ne cesse d'ajouter de nouvelles lignes et de prolonger celles qui existaient déjà. En 1998, on compte 14 lignes qui totalisent 211 kilomètres. De 5h30 à 1 heure du matin le lendemain, le métro parisien travaille sans relâche en transportant chaque jour plus d'un million de voyageurs de toutes les catégories, de tous les milieux et de toutes les races, depuis des travailleurs immigrés en blouson, la plupart banlieusards, jusqu'aux cadres citadins en complet veston.

---

tenir une place importante　重要な位置を占める　　vit → vivre　　afin de + inf.　〜するために
être en mesure de + inf.　〜できる状態にある　　être prévu pour 〜　〜に予定されている
saus relâche　休みなしに　　blouson　ジャンパー　　complet veston　三つ揃い

最新の地下鉄14号線

　パリの地下鉄は1900年のパリの万国博に合わせて，エンジニアのフルジェンス・ビエンヴニュによって作られ，まさにパリに住み，働く人の安価で便利な足になっている．ルーブル駅，パスツール駅他，有名な多くの駅がその名の由来を示す文化的な装飾，展示で市民を啓発し，観光客の目を楽しませてくれる．時々アマチュア楽士たちによる美しい音楽が流れ，人々の足を止める．かつては当局から自動的に追い払われていた彼らだが，今はしかるべきバッジを受け，演奏場所を指定され，パリ地下鉄の正式メンバーになった感がある．マドレーヌ広場とF・ミッテラン国立図書館を結ぶ最新の地下鉄14号線にもトライしてみよう．

Chapitre 9

Le Marché de La Motte-Picquet-Grenelle

Pierre : Aujourd'hui, c'est dimanche. Je vais te montrer ce que je n'ai jamais vu, ni à Tokyo, ni à Yokohama.

*上の写真は marché à la Motte-Picquet-Grenelle

Sayaka : Qu'est-ce que c'est ? Une église ?

P. : Détrompe-toi ! Il y a des églises au Japon. J'en ai vu lorsque j'y étais. Non, nous allons visiter un marché parisien, celui qui est le plus près de ton hôtel : le marché qui se tient le dimanche et le mercredi sous le métro aérien, près de la station La Motte-Picquet-Grenelle.

se détromper　誤りに気づく

se tenir　開かれる，行われる

métro aérien　メトロ6号線は，多くの部分で地上を走る

Au marché de La Motte-Picquet-Grenelle

S. : Quelle affluence ! Quelle animation ! Et que d'étals ! Leurs alignements semblent presque sans fin !

étal (*m.*)　物売り台

P. : Il y a de nombreux marchés à Paris qui se tiennent deux ou trois fois par semaine dans chaque quartier. On y trouve non seulement toutes sortes de produits alimentaires comme des légumes, des poissons, du pain, des pâtisseries, du vin et du fromage, mais aussi des nappes, des vêtements, des bijoux, et même des meubles anciens.

S. : On croirait, à t'écouter, que tous les marchands de Paris s'y donnent rendez-vous !

on croirait que + ind. まるで～のようだ
se donner rendez-vous 落ち合う，集合する

P. : Non, certainement pas. Mais c'est vrai que les marchés restent populaires, même si les gens font de plus en plus leurs courses au supermarché.

S. : Cela montre que les Français restent attachés à leur identité historique : celle d'un grand pays d'agriculteurs. Au fait, j'ai lu dans un journal un article intitulé « La bataille des OGM est relancée ». Peux-tu m'expliquer ce que cela signifie ?

lu → lire

OGM (organismes génétiquement modifiés) 遺伝子組換え食品

P. : Oui, une centaine de paysans ont arraché des plants de maïs transgénique cultivés en plein champ dans un but d'expérimentation, avec l'autorisation du gouvernement, par la firme américaine Monsanto. Ces paysans veulent ainsi susciter un débat de fond sur les objectifs de la recherche en matière d'OGM.

transgénique 遺伝子組換えの
en plein champ 畑の真中に

veulent → vouloir
débat de fond 本質的な討議
en matière de ～に関して

S. : Je crois qu'ils ont raison. Nous aussi, les Japonais, nous sommes en général vraiment hostiles à tout ce qui est OGM.

être hostile à～ ～に反対する

フランスの農業人口は1800年には全体の4分の3を占めていたが，20世紀中葉から減り始め，現在では全体の就労人口の3％にも満たない．しかし，農民の政治的発言力はその数以上の重さを持ち，どの政治家も彼らの支持を得ようと躍起になる．彼らは農業のグローバリゼーション，遺伝子組換え食品などに強く反対している．フランス政府の認可を受けて，遺伝子組換え実験を普通の農地で行っていた米国モンサント社のトウモロコシの苗が，過激な農民の一団によってすっかり抜き取られるという事件（2001年夏）も起きた．フランス国民の食品の安全性への関心は高く，混じりけのない純度の高い食品への要求は強まる一方である．パリの各地で開かれる農産物の市場（marché）を是非見てみよう．フランス人の農業への強い愛着，農業国としての伝統がそこに息づいているのを見るに違いない．

ビニール袋のごみ箱 　　びん類の回収箱 　　パリの掃除人

2001年9月のニューヨーク・テロ以来，パリのすべての外のごみ箱は透けて見える緑のビニール袋に変わった．こんなに沢山のごみ箱が街角や公園に用意されていたのかと改めて驚かされる．数多くの清掃車，掃除人を見れば，パリは汚いという定評は過去のものとなったようだ．

文法復習9　　近接未来，近接過去，感嘆文

近接未来：**aller** + **inf.** で，近い未来《～する予定（つもり）である》を表す．

　　Je vais t'amener à la tour Eiffel, cet après-midi.

近接過去：**venir de** + **inf.** で，《～したばかりである》を表す．

　　M. Chirac vient d'être réélu président au suffrage universel.

感嘆文：

　感嘆文の作り方には幾つかある．

1) Que + 文！　　Qu'il fait beau !
　 Comme + 文！　Comme c'est joli !

2) Quel (Quels, Quelle, Quelles) + 名詞！
　 J'ai réussi à l'examen. Quel bonheur !
　 Tu as raté ton train de cinq minutes !　Quelle malchance !

3) Que de + 無冠詞名詞！　Que de monde !
　 Que de fois je t'ai dit ça !

---

1. 近接未来（1），近接過去（2），感嘆文（3，4）で，次の和文をフランス語に変えなさい．

   1) 私たちは今年（cette année）夏休みをパリで過ごす（passer）つもりです．

   2) 母は夕食を用意し（préparer）たところです．

   3) なんて美しいお花（*pl.*）なのでしょう！（quelの適当な形を使って）

   4) なんて時間（temps *m.*）のたつ（passser）のは速いんだろう！（que + 文の形で）

Chapitre 10

Déjeuner au restaurant «Le Café du Commerce»

Pierre : Nous avons vu un marché parisien. Maintenant nous allons déjeuner dans un restaurant dont l'ambiance te plaira sûrement.

vu → voir

Sayaka : Je suis contente d'y aller. Quel est ce restaurant ?

P. : Son nom est un peu surprenant. En effet, s'il s'appelle « Le Café du Commerce », il s'agit bien d'un restaurant qui est situé rue du Commerce, dans le XVème arrondissement de Paris. On y mange bien et surtout à bon marché.

à bon marché 安く

Au restaurant « Le Café du Commerce »

S. : Heureusement, le garçon nous a installés à une table du 3ème étage d'où on domine tout l'intérieur du restaurant. Quelle profusion de verdure autour de nous ! Et on voit même le ciel bleu d'où nous sommes. On se croirait dans une forêt.

3ème étage フランス式なら 2ème étage

ciel bleu 屋根が開閉式になっていて，夏には上階の席からは青い空が見える

se croire 自分を〜と思う

P. :	N'est-ce pas ? Cet immeuble de trois étages a été construit à l'origine pour être un magasin de tissus. Il a été transformé vers 1922 en restaurant populaire qui recevait, en particulier, les ouvriers d'une usine automobile assez proche et alors prospère. Cet état de choses s'est maintenu jusqu'à la guerre de 1940.

　　　　　　　　　　　　　　　　　　　　　　état de choses　事態
　　　　　　　　　　　　　　　　　　　　　　se maintenir　維持される，
　　　　　　　　　　　　　　　　　　　　　　　～の状態にとどまる

S. :	Si je comprends bien, c'était l'âge d'or de l'industrie française.

P. :	Peut-être. Toujours est-il qu'après la guerre le Café du Commerce était toujours un restaurant, mais un restaurant sans attrait, peu alléchant pour la clientèle. Entièrement rénové en 1988, il est devenu, tout en restant populaire, un établissement apprécié des habitants du quartier. Regarde bien la carte et choisis ce qui te plaira.

　　　　　　　　　　　　　　　　　　　　　　toujours est-il que + ind.
　　　　　　　　　　　　　　　　　　　　　　ともかく…のことは事実だ
　　　　　　　　　　　　　　　　　　　　　　peu alléchant　あまり魅力の
　　　　　　　　　　　　　　　　　　　　　　ない
　　　　　　　　　　　　　　　　　　　　　　la carte　メニュー

S. :	Mais je ne sais pas quoi choisir dans la carte : il y a trop de possibilités.

P. :	Alors, prends le menu gourmet à 20 euros. C'est dimanche et ton dernier jour à Paris.

S. :	D'accord. Je prendrai du saumon mariné comme entrée et du magret de canard comme plat.

P. :	Moi, je dois choisir un vin. Je vais commander une demi-bouteille de Bordeaux, <Selection

Café du Commerce>.

S. : Quel festin ! Au Japon, on boit rarement du vin à midi, mais plutôt de la bière. Pierre, qu'est-ce qu'on fait cet après-midi ?   rarement　めったに〜ない

P. : Il y a, pas loin d'ici, à Javel, un grand parc récemment aménagé sur le site de l'ancienne usine automobile dont nous parlions tout à l'heure et qui a été transférée ailleurs : le parc André-Citroën situé au bord de la Seine. Ce parc est très différent des parcs classiques. Il comporte une vaste esplanade de pelouse entourée de jardins, de cascades et même de forêts sauvages en réduction. Si tu veux, nous pouvons monter dans le grand ballon qui s'y trouve. Tu pourras ainsi jeter un dernier regard sur Paris.   le ballon　気球

S. : Ce sera formidable. Comme tu es gentil de me préparer un tel couronnement pour mon premier voyage à Paris !   couronnement (*m.*)　最大の山場

15区のコメルス通り（rue du commerce）にある古い映画に出てきそうな雰囲気のある庶民的なレストラン "Café du Commerce" に入ってみてはいかが？　そしてその後，36頁に紹介した近くのParc-André-Citroënを訪ねてみることを薦める．ちょっとした冒険心を満たしてくれる憩いの場である．

　セーヌ川を眺めながら食事したいと思う人に勧めたいレストランは，ポン・ヌフ橋のたもとにあるラ・サマリテーヌ百貨店の最上階にあるレストラン "Toupary"（Tel : 01 40 41 29 29）である．昼のメニューなら20€前後で食べられる．予約する時，窓際の席を頼むと良い．

文法復習10　　　　数　字

旅行に一番役立つのは数字である．しっかり覚えよう．

基数詞

0	zéro	17	dix-sept	80	quatre-vingts
1	un(e)	18	dix-huit	81	quatre-vingt-un(e)
2	deux	19	dix-neuf	82	quatre-vingt-deux
3	trois	20	vingt	90	quatre-vingt-dix
4	quatre	21	vingt et un(e)	91	quatre-vingt-onze
5	cinq	22	vingt-deux	97	quatre-vingt-dix-sept
6	six	23	vingt-trois	98	quatre-vingt-dix-huit
7	sept	30	trente	99	quatre-vingt-dix-neuf
8	huit	31	trente et un(e)	100	cent
9	neuf	32	trente-deux	101	cent un(e)
10	dix	40	quarante	123	cent vingt-trois
11	onze	41	quarante et un(e)	200	deux cents
12	douze	50	cinquante	246	deux cent quarante-six
13	treize	60	soixante	1.000	mille
14	quatorze	70	soixante-dix	1.001	mille un(e)
15	quinze	71	soixante et onze	1.100	mille cent
16	seize	72	soixante-douze	1.230	mille deux cent trente

2.000	deux mille	10.000.000	dix millions
10.000	dix mille	100.000.000	cent millions
100.000	cent mille	200.000.000	deux cents millions
200.000	deux cent mille	1.000.000.000	un milliard
1.000.000	un million	1.000.000.000.000	un billion

注）21, 31, 41, 51, 61, 71 には et をつける：vingt et un, trente et un

17～99のその他の端数はトレデュニオン(-)で結ぶ．

80は「20の4倍」と vingt を複数，quatre-vingts とするが，81からは s を省く (quatre-vingt-un)．

200, 300など端数がつかない時は複数形の s がつく．端数を伴うときと，mille の前では s をつけない．
mille は無変化．

1000ごとに単位を区切るときはポワン(.)を用いるか，間を一字分あける．

小数点はヴィルギュル(,)で示す．

million, milliard, billion は名詞なので，すぐ後に名詞を続けるときは de が必要．但し，端数がつくときは de は不要：deux millions d'habitants,　un million deux cent mille euros

> **序数詞**
>
> | | | | | | | | |
> |---|---|---|---|---|---|---|---|
> | 1er | premier | 5^e | cinquième | 10^e | dixième | 21^e | vingt et unième |
> | (1ère | première) | 6^e | sixième | 11^e | onzième | 100^e | centième |
> | 2^e | deuxième | 7^e | septième | 12^e | douzième | 101^e | cent unième |
> | 3^e | troisième | 8^e | huitième | 19^e | dix-neuvième | 200^e | deux centième |
> | 4^e | quatrième | 9^e | neuvième | 20^e | vingtième | 1.000^e | millième |
>
> 注）序数詞は原則として〈基数詞＋ième〉ただし基数詞がeで終わるものはeを省く．また，cinqにはuを入れ，neufはfをvに変える．
> 「第1」はpremier (première)だが，21以降のun(e)の付くものはunième,「第2」はsecond(e)とも言う．

数字は実際の用に役立つのでしっかり覚えよう．
本書に出てきた数字及びその他の数字（下線のある）の読み方をフランス語で書き入れなさい．

1）パリ20区の人口は 2,2 millions d'habitants → ＿＿＿＿＿＿＿＿＿＿＿
2）パリ都市圏の人口は 10,9 millions d'habitants → ＿＿＿＿＿＿＿＿＿＿
3）紀元2002年 → ＿＿＿＿＿＿＿＿＿＿
4）アレジヤの戦い（ゴール人が征服者ローマ人と戦って負けた）の年は
　　紀元前52年：52 av.J.-C. → ＿＿＿＿＿＿＿＿＿＿
5）フランス革命の勃発は紀元1789年7月14日である．
　　　　→ ＿＿＿＿＿＿＿＿＿＿
6）太陽王ルイ14世の君臨したのは XVIIème siècle → ＿＿＿＿＿＿＿＿＿＿
7）XXIème siècle → ＿＿＿＿＿＿＿＿＿＿
8）Napoléon Ier の皇帝への戴冠は1804年である．
　　　　→ ＿＿＿＿＿＿＿＿＿＿
9）3 450km → ＿＿＿＿＿＿＿＿＿＿
10）200kg → ＿＿＿＿＿＿＿＿＿＿
11）140 ha → ＿＿＿＿＿＿＿＿＿＿
12）49 500€ → ＿＿＿＿＿＿＿＿＿＿
13）0,37€ → ＿＿＿＿＿＿＿＿＿＿
14）18 % → ＿＿＿＿＿＿＿＿＿＿
15）500m → ＿＿＿＿＿＿＿＿＿＿

初めてのパリへの旅

渡辺 美紀子　著
Joseph Mancel

2003. 4. 1　初版発行
2015. 4. 1　3刷発行

発行者　井田洋二

発行所　101-0062 東京都千代田区神田駿河台3の7
　　　　電話 03(3291)1676　FAX 03(3291)1675
　　　　振替 00190-3-56669

株式会社 駿河台出版社

製版　㈱フォレスト／印刷　三友印刷㈱
ISBN978-4-411-01335-4 C1085 ¥1800E
http://www.e-surugadai.com

NUMÉRAUX(数詞)

CARDINAUX(基数)		ORDINAUX(序数)	CARDINAUX		ORDINAUX
1	un, une	premier (première)	90	quatre-vingt-dix	quatre-vingt-dixième
2	deux	deuxième, second (e)	91	quatre-vingt-onze	quatre-vingt-onzième
3	trois	troisième	92	quatre-vingt-douze	quatre-vingt-douzième
4	quatre	quatrième	**100**	**cent**	**centième**
5	cinq	cinquième	101	cent un	cent (et) unième
6	six	sixième	102	cent deux	cent deuxième
7	sept	septième	110	cent dix	cent dixième
8	huit	huitième	120	cent vingt	cent vingtième
9	neuf	neuvième	130	cent trente	cent trentième
10	**dix**	**dixième**	140	cent quarante	cent quarantième
11	onze	onzième	150	cent cinquante	cent cinquantième
12	douze	douzième	160	cent soixante	cent soixantième
13	treize	treizième	170	cent soixante-dix	cent soixante-dixième
14	quatorze	quatorzième	180	cent quatre-vingts	cent quatre-vingtième
15	quinze	quinzième	190	cent quatre-vingt-dix	cent quatre-vingt-dixième
16	seize	seizième	**200**	**deux cents**	**deux centième**
17	dix-sept	dix-septième	201	deux cent un	deux cent unième
18	dix-huit	dix-huitième	202	deux cent deux	deux cent deuxième
19	dix-neuf	dix-neuvième	**300**	**trois cents**	**trois centième**
20	**vingt**	**vingtième**	301	trois cent un	trois cent unième
21	vingt et un	vingt et unième	302	trois cent deux	trois cent deuxième
22	vingt-deux	vingt-deuxième	**400**	**quatre cents**	**quatre centième**
23	vingt-trois	vingt-troisième	401	quatre cent un	quatre cent unième
30	**trente**	**trentième**	402	quatre cent deux	quatre cent deuxième
31	trente et un	trente et unième	**500**	**cinq cents**	**cinq centième**
32	trente-deux	trente-deuxième	501	cinq cent un	cinq cent unième
40	**quarante**	**quarantième**	502	cinq cent deux	cinq cent deuxième
41	quarante et un	quarante et unième	**600**	**six cents**	**six centième**
42	quarante-deux	quarante-deuxième	601	six cent un	six cent unième
50	**cinquante**	**cinquantième**	602	six cent deux	six cent deuxième
51	cinquante et un	cinquante et unième	**700**	**sept cents**	**sept centième**
52	cinquante-deux	cinquante-deuxième	701	sept cent un	sept cent unième
60	**soixante**	**soixantième**	702	sept cent deux	sept cent deuxième
61	soixante et un	soixante et unième	**800**	**huit cents**	**huit centième**
62	soixante-deux	soixante-deuxième	801	huit cent un	huit cent unième
70	**soixante-dix**	**soixante-dixième**	802	huit cent deux	huit cent deuxième
71	soixante et onze	soixante et onzième	**900**	**neuf cents**	**neuf centième**
72	soixante-douze	soixante-douzième	901	neuf cent un	neuf cent unième
80	**quatre-vingts**	**quatre-vingtième**	902	neuf cent deux	neuf cent deuxième
81	quatre-vingt-un	quatre-vingt-unième	**1000**	**mille**	**millième**
82	quatre-vingt-deux	quatre-vingt-deuxième			

1 000 000 | **un million** | **millionième** ‖ **1 000 000 000** | **un milliard** | **milliardième**